PLAIDOYER

DE

M. DOUBLET

POUR

MM. GUYOT-DUREPAIRE ET MOUNIER.

PLAIDOYER

DE

M. DOUBLET

POUR

MESSIEURS

GUYOT-DUREPAIRE ET MOUNIER,

OFFICIERS DE L'EX-GARDE ROYALE,

ACCUSÉS DE COMPLOT ET D'ATTENTAT CONTRE LE GOUVERNEMENT,

PRONONCÉ

DEVANT LA COUR D'ASSISES D'EURE-ET-LOIR (CHARTRES),

LE 29 DÉCEMBRE 1832,

AFFAIRE DITE D'AMAILLOUX.

« Quant à moi, et j'éprouve le besoin de vous le dire,
« les guerres civiles, quels qu'en soient les motifs, sont
« des malheurs qu'il faut déplorer. Ce ne sera pas moi
« qui tresserai des couronnes pour les vainqueurs ou pour
« les vaincus : je plaindrai les vainqueurs, je plaindrai
« les vaincus ; je plaindrai *Marius* comme je plaindrai
« *Sylla*. »

(*Plaidoyer de M. Doublet.*)

PARIS,

IMPRIMERIE ET FONDERIE DE A. PINARD,

QUAI VOLTAIRE, N° 15.

1833.

PLAIDOYER

DE

M. DOUBLET

POUR

MM. GUYOT-DUREPAIRE ET MOUNIER,

OFFICIERS DE L'EX-GARDE ROYALE.

———◄◈►———

MESSIEURS DU JURY,

En entrant dans cette enceinte, je suis venu pour y remplir le plus saint des devoirs. Ami de mon pays, je ne viens pas soutenir ses ennemis ; ami de l'ordre, je ne viens pas vous demander de protéger ceux qui le troublent ; dévoué à nos institutions constitutionnelles, je ne viens pas solliciter de vos consciences un bill d'absolution pour ceux qui tenteraient de nous les ravir… Ma mission n'a rien que de pur… Je viens défendre des *accusés !* c'est-à-dire des hommes, des citoyens comme vous. Si, pour d'autres que leurs juges, ils avaient cessé de l'être, à ceux-là je répondrais avec un judicieux écrivain (1) : « *Quand tout homme n'est plus un citoyen, le citoyen n'est bientôt plus un*

____

(1) M. Dupaty.

1

homme. » J'ai dit des *accusés!* Ce titre seul ne les rend-il pas dignes de toute votre bienveillance, de tout votre intérêt ? Messieurs, dans des temps calmes, je n'en douterais nullement, il ne faudrait que nommer un *accusé* pour retenir l'attention et captiver la confiance de ses juges ; pour leur faire concevoir que, dans la position élevée où ils se trouvent, c'est à eux que, suivant la belle expression de la loi romaine, est remise cette noble tâche de *travailler pour l'innocence des accusés* (1). Mais au sortir des convulsions sociales, dans ces temps d'agitations politiques, au milieu de ce déchaînement de passions de tout genre qui nous tourmentent et nous égarent, quelque convaincus que nous soyons de la pureté de vos intentions, de la droiture de vos consciences, ne devons-nous pas craindre que la froideur remplace l'intérêt, que, comme quelques uns, et ce ne sont pas ceux-ci que je veux convaincre, vous ne regardiez la pitié comme un sentiment hostile et malfaisant. Qui donc déshériterait l'homme de bien de cette inspiration vertueuse, la seule qui, dans les temps où nous vivons, tempère la violence des dissensions civiles? qui donc ne laisserait plus voir au juge dans un *accusé* qu'un coupable? qui? Messieurs, retenez-le bien, ce serait la prévention! monstre hideux en morale, mais surtout terrible en politique. Elle exagère ou dénature les faits; nouveau Protée elle prend toutes les formes, et se glisse dans

____

(1) *Laborare pro innocentiâ rei.*

l'esprit à l'insu même de l'honnête homme qui s'en méfie le plus. Elle rend le magistrat sourd au cri de sa conscience, et ne lui permet plus d'entendre que le bruit du dehors. Echo infidèle de tout ce qui se dit, elle ment à tous les partis : telle est la prévention. Sous son règne les lois cessent d'être généreuses, elles haïssent et ne punissent pas, elles exercent des vengeances et ne prononcent pas de peines. La prévention empoisonne de son souffle impur les abords du prétoire : le juge, s'il ne l'évite, prononce; l'innocence succombe, voyez plutôt... Il y aura bientôt un siècle, on apprend un jour à Toulouse qu'un homme venait de mourir à la fleur de l'âge. On pouvait croire que, d'un esprit sombre, inquiet et déréglé, ce jeune homme s'était donné la mort... Bientôt le bruit court que, né protestant, la mort l'avait surpris lorsqu'il allait embrasser le catholicisme; bientôt aussi le bruit veut qu'alarmé de cette résolution, un homme l'ait prévenu par un lâche assassinat!... Cet homme, l'opinion publique dit que c'était son père!... Horreur!... Quoi qu'il en soit, le bruit fait des progrès, d'honnêtes gens s'en alarment, d'autres n'oseraient y croire; le bruit augmente, le peuple y ajoute foi, la justice y croit aussi après lui, elle informe, elle se constitue en tribunal. Le père est condamné par la voix publique, les juges y joignent les leurs : il porte sa tête sur l'échafaud. Cet homme était Calas! Calas était innocent : assassinat juridique! la prévention l'avait tué! Eh bien! Messieurs, ce que l'opinion du peuple fanatisé par ses idées religieuses, commande, celle de l'homme que domine l'esprit de parti l'exige. Cet homme n'adopte comme vrai que ce qui flatte ses sympathies, il rejette tout ce qui les froisse, il juge, il condamne sans entendre: ainsi le veut la prévention, ainsi la prévention l'ordonne,

Et les plus éclairés ont peine à s'en défendre.

Que d'efforts courageux il vous aura fallu faire pour vous en garantir! Avant d'être constitués comme juges, que n'a-t-on cessé de vous dire!.. Le brigandage et l'assassinat règnent en souverains dans les départemens de l'ouest : et quand cela serait, les coupables sont-ils devant vous? La presse en a fait un tableau repoussant... Hommes égarés, séides ardens, innocens ou coupables, tous , avant de comparaître devant les hommes de la loi, ont été cités au tribunal de chaque parti ; on les a confondus sous des dénominations qui n'appellent rien moins sur eux que la haine , la vengeance, la proscription, quelquefois la mort. C'était un effet de la prévention. N'ai-je pas eu raison de vous dire que c'était un écueil bien périlleux pour des accusés? Je le craindrais dans tout autre pays que le mien, je le redouterais devant d'autres juges que vous, et j'aime à le dire à l'honneur de cette cité, elle n'a point eu à gémir de voir l'insulte et l'outrage prodigués au malheur ; elle a bien compris qu'un *accusé* n'était point un jouet donné par la justice à des hommes, mais un dépôt sacré confié par la justice à des juges.

C'est du pays, c'est de vous qui le représentez, que j'attends que vous ne vous prononciez pas sans nous avoir entendus.

Mais c'est trop long-temps vous entretenir de ce qui n'appartient plus à ma cause... Pardonnez-moi ces premiers mots. C'était à vos cœurs que le mien devait d'abord s'adresser ; je devais vous exposer sans détour les alarmes si vives, les craintes trop légitimes des accusés ; je devais présenter à votre froide raison tous les dangers de la prévention. Maintenant je suis tranquille, les accusés le sont de leur côté, nous nous connaissons tous... La loi a tracé nos devoirs... : c'est à moi de continuer au nom de MM. Mounier et Durepaire la tâche de la défense.

Je dois vous indiquer de suite le plan que je me suis tracé dans cette défense. Je commencerai par vous rapporter les faits articulés par mes cliens, je vous les exposerai dans leur simplicité ; j'examinerai ensuite les principes de droit que l'accusation a invoqués contre nous, j'en discuterai l'application à ma cause, et j'arriverai ainsi tout naturellement à la discussion des charges qu'on nous oppose. Mais, avant tout, ne dois-je pas appeler votre attention sur le caractère des accusés ?..

Je ne vous dirai rien de M. Durepaire ; c'était à son ami (1) plutôt qu'à son avocat, de vous faire connaître tout ce que son caractère offrait de noble et de généreux... Son père, vous le savez, mourut lieutenant-

____

(1) M. Bouchard, avocat à Poitiers.

général à Essling, du même boulet peut-être que celui qui enleva l'un des plus braves de notre armée, je veux parler du maréchal Lannes : quant à M. Durepaire, il conquit ses grades par son seul mérite.

Et maintenant quand j'ai à vous parler de M. Mounier, de son meilleur ami, en un mot, ne suis-je pas fondé à prétendre que l'estime et l'intérêt que vous avez déjà accordé à l'un, vous ne le refuserez pas à l'autre ? L'un y a autant de droit que l'autre, ou plutôt ils en sont dignes tous deux.

M. Mounier père était chirurgien-major dans la marine royale ; son fils fit ses premières armes dans la marine, jusqu'au moment où il obtint une sous-lieutenance dans le 6e régiment d'infanterie de ligne. En 1814, un oncle de M. Mounier épousa la sœur de M. Durepaire : c'est ainsi que les accusés se connurent. Du même âge, destinés à parcourir la même carrière, liés par des rapports de famille, leur amitié ne put que s'accroître par le temps ; elle se fortifia encore lorsqu'en 1823 tous deux furent appelés à servir dans le 6e régiment de l'ex-garde royale. En 1827 M. Durepaire se maria, et vous savez qu'à cette époque les désirs de sa nouvelle famille amenèrent sa démission. Plus tard M. Mounier dut encore à son amitié de s'allier à l'une des familles les plus honorables de la ville de Saintes. Voici maintenant comme MM. Durepaire et Mounier eurent des relations avec M. Paul-Émile de Chièvres. Madame Durepaire était parente de madame de Clervaulx née Aymer. Madame de Clervaulx a une propriété appelée l'Haumelière, à une lieue et demie d'Avançon. Madame Durepaire était aussi cousine d'une dame Desmenards de Clervaulx ; cette dame habite une propriété appelée Châteauneuf, dans les environs de St.-Maixent. M. Mounier était l'ami intime de la maison ; enfin MM. Mounier et Durepaire possédaient des propriétés dans le département des Deux-Sèvres, et vous n'avez pas oublié que la résidence habituelle de M. Paul-Émile de Chièvres était à Aujac, à trois lieues de Saintes. Ainsi, par leurs rapports de famille et de voisinage, MM. Mounier et Durepaire devaient connaître M. Paul-Émile de Chièvres.

Ces faits une fois connus, j'arrive aux événemens de juillet 1830. A cette époque, M. Mounier appartenait au 2e bataillon du 6e régiment de la garde royale. Ce bataillon se trouvait alors détaché à Vincennes. Ce fut là qu'une capitulation fut conclue entre les généraux Gourgaud et marquis de Puyvert, capitulation qui assurait aux officiers de la garde les prérogatives attachées à leur emploi ; mais cette capitulation n'ayant pas été ratifiée par le gouvernement provisoire, la garde royale fut licenciée le 23 août. M. Mounier, comme ses frères d'armes, perdit non seulement son grade supérieur, mais encore l'ancienneté dans le grade effectif.

Constatons ici un fait dont la conséquence me paraît utile à signaler. Sans doute la révolution de Juillet ne fut pas vue d'un œil favorable par M. Mounier, et vous le mésestimeriez s'il disait le contraire. Fidèle à ses sermens, fidèle à son drapeau, il avait fait son devoir; il cédait, comme tant d'autres, à la force des circonstances. Sans doute encore à trente-trois ans on ne renonce pas sans regret à une carrière si bien commencée!... Mais enfin sa position changeant, son avenir, peut-être moins brillant, n'en était pas moins assuré. Marié depuis six années, père de deux enfans, heureux époux, heureux père, il allait échanger une position mobile, aventureuse, si je puis le dire, contre une position stable et fixe; il allait veiller aux soins de sa jeune famille, et cette idée consolante fut pour lui une douce compensation du malheur qui l'avait frappé... M. Mounier se retira à Font-Couverte, près de Saintes, dans une propriété appartenant à sa femme, avec la solde de congé affectée au grade de lieutenant. Dans un pays tranquille, entièrement livré aux travaux utiles de l'agriculture, il vécut s'occupant peu de politique, heureux des occupations paisibles qu'il s'était créées.

Au mois de mai 1832, M. de Clervaulx, beau-père de M. Durepaire, appelé à faire partie du jury aux assises des Deux-Sèvres (un certificat en fait foi), s'en remit à son gendre pour la surveillance de ses biens, et pour opérer des rentrées dans des propriétés qu'il possédait dans le département des Deux-Sèvres. M. Durepaire, ami de M. Émile de Chièvres, son voisin de campagne en Saintonge, communiqua ce projet de voyage à M. Mounier, et

l'engagea à l'accompagner. Si c'était pour M. Durepaire une occasion d'aller visiter M. Émile de Chièvres et madame Aymer, sa belle-mère, c'en était une
pour M. Mounier d'aller voir madame Desmenards
de Clervaulx, c'en était une pour tous les deux d'aller
voir M. de Baillou, leur ami intime, qui avait long-
temps servi avec eux dans la garde, et qui, d'après ce
que leur avait appris un officier du 64e en détachement
à Saintes, devait se trouver en garnison à Parthenay.
La proposition de M. Durepaire fut acceptée par
M. Mounier. Tous deux partirent de Saintes le 19
mai au soir par la diligence, ne s'arrêtèrent point à
Niort, et arrivèrent ainsi sur les midi à Saint-Maixent.
Dans cette ville, ils se procurèrent un guide qui les
conduisit le lendemain dimanche 20, au château d'A-
vançon où résidait madame Aymer. Au moment de
leur arrivée, M. Émile de Chièvres en était absent.
Ils furent reçus par madame Aymer comme des amis,
comme des parens. Ils y étaient depuis plusieurs heures, lorsque deux personnes qui leur étaient entièrement *inconnues* furent annoncées sous les noms de
MM. *Wampers* et *Gaspard de Chièvres*. A l'ac-
cueil qu'ils reçurent, aux paroles obligeantes de
madame Aymer, MM. Durepaire et Mounier recon-
nurent que ces messieurs étaient proches parens de
la famille. En effet, plus tard ils apprirent que tous
deux étaient cousins germains de M. Émile de Chièvres, et que MM. Wampers et Gaspard de Chièvres
étaient beaux-frères. M. Émile de Chièvres ne tarda

pas à arriver, il avait été visiter M. de Clervaulx, son beau-frère et son voisin de campagne.

MM. Durepaire et Mounier lui firent part de leur projet d'aller à Parthenay voir leur ami M. de Baillou. M. Emile de Chièvres mit à leur disposition deux de ses chevaux; et le lendemain 21, après le déjeûner, ils partirent pour se rendre à Parthenay. Arrivés dans cette ville, leur premier soin fut de s'informer auprès d'un officier du 64ᵉ qu'ils rencontrèrent, si le capitaine de Baillou n'était pas à Parthenay. Cet officier leur apprit que depuis peu de jours le capitaine de Baillou était parti pour le cantonnement de Chiché ou de Largeasse, il ne put affirmer lequel des deux. Quant à l'état-major du bataillon, il leur assura qu'il était à Chiché. Que faire? leurs chevaux venaient de parcourir cinq lieues de pays, ils étaient fatigués, et d'ailleurs ils ne pouvaient abuser de l'obligeance de M. Emile de Chièvres. MM. Durepaire et Mounier résolurent donc de repartir le lendemain 22, pour le château d'Avançon, et de faire plus tard de leur visite à M. de Baillou un but de promenade... Toutefois, et sans plus de réflexion, ils jugèrent convenable d'informer M. de Baillou du but de leur voyage, et de lui donner les moyens de venir les voir, *s'il le pouvait,* à Avançon. M. Mounier lui écrivit à peu près en ces termes :

« Nous nous faisions une joie de vous trouver ici, mon cher Baillou, jugez de notre désappointement en apprenant que vous êtes détaché dans un cantonnement si éloigné. Si vous êtes le même Baillou que nous avons connu autrefois, vous n'hésiterez pas à venir nous rejoindre, *si votre service vous le permet*, au château d'Avançon près Saint-Maixent, où nous sommes encore pour deux ou trois jours au plus tard. Croyez-moi, etc. Signé MOUNIER. »

Cette lettre, remise à un officier du 64e, MM. Durepaire et Mounier ne songèrent plus qu'à utiliser leur soirée dans une ville où ils ne connaissaient personne. Après le dîner ils se dirigèrent vers la promenade; ils n'avaient pas fait cent pas, que, passant auprès d'un groupe d'officiers du 64e, M. Mounier reconnut l'un d'eux pour être M. Ardisson, avec lequel il avait servi. La reconnaissance fut renouvelée avec effusion de part et d'autre... La soirée se passa avec M. Ardisson ; et malgré son insistance pour retenir MM. Durepaire et Mounier pour un déjeûner le lendemain matin, ceux-ci s'y refusèrent.

Dès le mardi 22, à la pointe du jour, ils se mirent en route pour le château d'Avançon, avec le projet bien arrêté de surprendre dès le 23, par leur arrivée à Largeasse ou à Chiché, leur ami M. de Baillou; en effet, il pensèrent alors et avec raison, l'événement l'a prouvé, que la lettre qu'ils lui avaient adressée n'arriverait que *trop tard* par la correspondance des cantonnemens, pour que M. de Baillou les trouvât encore à Avançon; que, d'un autre côté, M. de Baillou ne pourrait pas, *à cause de son service*, aller les rejoindre chez madame Aymer... Ils arrivèrent à Avançon dans le courant de la journée, ils annoncèrent à madame Aymer leur intention de prendre congé d'elle dès le lendemain. Le reste de la journée fut employé par eux à visiter *l'étang des Châteliers*, peu éloigné d'Avançon, l'une des curiosités du pays. Ils ne rentrèrent qu'assez tard le soir; ils ne trouvèrent pas M. Emile de Chièvres, qu'on leur annonça être parti dans la même soirée.

Le mercredi, 23, à quatre heures du matin, MM. Mounier et Durepaire, munis de provisions nécessaires pour déjeûner, gagnèrent la grande route de Parthenay. En passant *par le chemin de traverse* qui mène d'Avançon à cette route, leur projet était d'aller à Largeasse ou à Chiché trouver M. de Baillou. Sur les huit ou neuf heures, ils étaient à une demi-lieue environ de Parthenay; ils s'arrêtèrent pour déjeûner, et continuèrent ensuite leur route, traversant Parthenay vers neuf heures et demie sans s'y arrêter, et suivant la direction de Chiché. La chaleur était extrême : marchant depuis plusieurs heures, quoique habitués à de longues fatigues, MM. Durepaire et Mounier s'aperçurent qu'ils avaient trop présumé de leurs forces. Une soif ardente les dévorait, il fallut s'arrêter et chercher un gîte pour se reposer : ils aperçurent à peu de distance de la route une ferme isolée, ils s'y dirigèrent; il était environ midi quand ils y arrivèrent... Là une rencontre assez *extraordinaire*, il faut en convenir, mais non pas *impossible*, eut lieu... Ils ne furent pas peu surpris de trouver MM. Wampers et Gaspard de Chièvres. On s'interroge sur cette rencontre *inattendue*. MM. Durepaire et Mounier expliquent le motif de leur voyage ; MM. Wampers et Gaspard de Chièvres leur apprennent qu'en se rendant à Saumur leurs chevaux leur avaient échappé, et qu'après avoir couru une partie de la nuit, et sans pouvoir les rejoindre, ils cherchaient un lieu de repos lorsqu'ils avaient aperçu cette ferme. Du reste la route de Parthenay à Chiché étant celle de Saumur, ville où se dirigeaient MM. Wampers et Gaspard de Chièvres, leurs chevaux les ayant emportés de ce côté, la rencontre s'expliquait *tout naturellement*. Après s'être reposés un instant, MM. Wampers et Gaspard de Chièvres annoncèrent leur intention de se rendre à Avançon par Parthenay, et de s'arrêter à une auberge que la femme de la métairie leur annonçait être distante de là d'une grande lieue. MM. Durepaire et Mounier se rappelèrent avoir vu en effet cette auberge le matin à leur passage ; on *conjectura* que l'on pourrait *probablement* s'y rencontrer. Continuons : MM. Durepaire et Mounier étaient à plus de deux lieues de Parthenay. Pour se rendre à Chiché, où était l'état-major du bataillon du capitaine de Baillou, il leur aurait fallu faire deux lieues. Arrivés à Chiché, s'ils apprenaient que le capitaine Baillou était dans le cantonnement de Largeasse, deux lieues étaient encore à faire. A Largeasse même auraient-ils eu la certitude de le trouver ? La fatigue d'un côté, et l'incertitude de l'autre, leur firent renoncer à aller plus loin ; ils résolurent, à regret, de rétrograder sur Parthenay....

Ils se mirent en marche et arrivèrent sur les deux heures et demie à l'auberge de la Jussay, où MM. Wampers et Gaspard de Chièvres les avaient précédé. Cette auberge, située sur la grande route de Parthenay, était pleine de gens qui revenaient *du grand marché* de Parthenay... Tous quatre se firent servir le dîner... Un détachement du 64e arriva dans cette auberge; les soldats ne virent rien de *suspect* dans la présence de quatre hommes dînant à la même table; loin de là, un des soldats lia conversation avec M. Wampers, qui fit remplir sa gourde de vin. Le détachement continua sa route. Un second détachement arriva quelque temps après, commandé par le lieutenant *Rebour;* les passeports furent demandés et représentés ; une visite minutieuse eut lieu dans l'auberge et sur les quatre voyageurs : on ne trouva rien, rien absolument de *suspect,* le rapport en fait foi; et cependant l'officier jugea ces quatre messieurs *de bonne prise,* comme le dit son rapport (que j'examinerai plus tard). On les conduisit dans les prisons de Parthenay comme des malfaiteurs, on les mit provisoirement au secret... Une instruction judiciaire commença... Tels sont les faits, Messieurs, vous les connaissez désormais. Pour en compléter l'exposé, je vous rappelle que la Cour royale de Poitiers évoqua cette affaire par arrêt du 26 mai, et qu'à la suite d'une longue instruction suivie contre quarante-six prévenus, cette Cour rendit, le 11 août suivant, un arrêt par lequel elle disjoignit de la procédure générale relative aux faits qui avaient eu lieu à *Amailloux*, la procédure instruite contre six des prévenus ; déclara n'y avoir lieu à suivre ultérieurement contre vingt-un des prévenus, mais déclara qu'il y avait des charges *assez graves* pour motiver la mise en accusation des dix-neuf autres. Dix-sept sont devant vous.

Quels sont les faits constitutifs des crimes que l'accusation reproche à MM. Wampers, Gaspard de Chièvres, Durepaire et Mounier? L'acte d'accusation, dans son résumé, leur reproche :

D'avoir, depuis moins d'un an, pris part à un complot ayant pour but : 1º soit *de détruire,* soit *de changer le gouvernement* ou *l'ordre de successibilité au trône,* soit *d'exciter les citoyens* ou *habitans à s'armer contre l'autorité royale ;* 2º *d'exciter la guerre civile en armant* ou *en portant les citoyens à s'armer les uns contre les autres.*

Crimes prévus par les articles 87, 89 et 91 du Code pénal.

Voilà pour le *complot.*

Ce n'est pas tout ; l'acte d'accusation leur reproche encore :

D'avoir, le 23 mai dernier, dans la commune d'Amailloux et lieux circonvoisins, volontairement commis, en bande armée, un ou plusieurs *attentats dont le but était :* 1º soit *de détruire,* soit *de changer le gouvernement* ou *l'ordre de successibilité au trône,* soit *d'exciter les citoyens* ou *habitans à s'armer contre l'autorité royale ;* 2º *d'exciter la guerre civile en armant* ou *en portant les citoyens* ou *habitans à s'armer les uns contre les autres.*

Crimes prévus et punis par les articles 87, 88 et 91 du Code pénal.

Voilà pour l'*attentat.*

Tels sont les faits en eux-mêmes sans explications, sans commentaires ; telle est la définition de l'accusation. Il appartient à la défense de vous exposer les principes sous la protection desquels l'accusation, comme elle, pour être bien comprise, devra *nécessairement* se placer. C'est notre marche que cette discussion toute légale va désormais éclairer.

Dans l'économie de notre législation pénale, les crimes contre la sûreté intérieure de l'État peuvent se rapporter à trois principaux : le *complot*, la *tentative d'attentat* et l'*attentat.* Telle est l'échelle de la loi. Le *complot*, c'est la résolution d'agir, *concertée* et *arrêtée* entre *deux* ou *plusieurs* personnes (art. 89 du C. pén.) ; la *tentative d'attentat*, c'est un acte *préparatoire* pour parvenir au crime, c'est *un commencement d'exécution* par lequel le crime se révèle, c'est, en un mot, une *tentative* qui, pour équivaloir au crime même, ne doit avoir été suspendue ou n'avoir manqué son effet que par des circonstances *indépendantes* de la volonté de son auteur (art. 2) ; l'*attentat*, c'est le crime *consommé* ou *exécuté* (art. 89).

Je m'occupe d'abord du *complot*, et ici l'analyse vous fera mieux saisir l'esprit de la loi. Pour que le complot existe, il faut : 1° un *but*; 2° une *résolution d'agir*; 3º que cette *résolution* appartienne à *plusieurs* personnes; 4º qu'elle soit *d'agir*; 5º qu'elle ait été *concertée*; 6º qu'elle ait été *arrêtée*.

Le *but* du complot, c'est là en effet ce qui forme le *corps de délit*. Il faut que l'accusation commence par établir que le *but* du complot était de proclamer la république, par exemple, la monarchie absolue, si l'on veut, la monarchie constitutionnelle avec la Charte, etc.; les espèces peuvent varier à l'infini suivant la volonté des uns et des autres. Si l'on n'aperçoit pas le *but* positif du complot, si ce *but* ne nous est pas clairement démontré, s'il reste *indécis, incertain, éventuel,* il n'y a plus de complot, l'association est impossible.

La *résolution* doit appartenir à *plusieurs* individus; d'où il suit que tout homme peut *rêver* que telle forme de gouvernement conviendrait mieux au pays que celle qui le régit, ces espérances ne sont pas des crimes (1) : tel autre pourra même dresser un *plan* pour parvenir à les réaliser. Il n'y aura point ici de *complot* dans le sens de la loi; il y aura une *pensée* coupable, un crime isolé, si cet homme tente à réaliser

______

(1) On n'a pas oublié ce malheureux Syracusain qui, ayant *rêvé* qu'il avait tué Denys-le-Tyran, fut condamné à mort, parce que ses juges trouvèrent, dans son *rêve même*, la preuve qu'il s'était occupé de cet objet pendant ses veilles. *Une telle extension du droit de punir,* a dit le législateur, *est trop loin de nos mœurs et de la justice.*

ses idées. Le *complot*, comme on le voit, n'a rien d'*individuel* : c'est un crime *collectif*, c'est la *pensée de plusieurs*.

A quoi devra tendre cette *résolution* ? A *agir*, nous dit la loi ; c'est-à-dire à commettre un *attentat*, qui, comme nous l'avons vu, est le crime à son dernier degré...

Mais la *résolution*, pour être coupable, ne doit pas être *conditionnelle*, *éventuelle*, soumise à *telle* chance d'événemens, livrée à l'*incertitude* de *telles* circonstances, à *telles* modifications, à *telles* révisions qu'un examen plus mûr, une discussion plus réfléchie pourront amener. La *résolution* doit être *concertée*, c'est-à-dire que l'*unanimité* doit l'accueillir. S'il y a *divergence* d'opinions, de sentimens ; si l'on n'est pas d'accord sur les moyens ; si cette *résolution* n'a rien de *parfait*, tout est encore en question.

Ce qui le prouve, c'est qu'après cette *unanimité* dans la résolution, la loi a pris soin d'ajouter qu'elle devait être *arrêtée ;* en d'autres termes, *il n'y a plus à délibérer :* c'est la *résolution*... Le pacte est signé ; chacun a un rôle à jouer dans l'action qui va se passer : de cette *résolution d'agir*, *concertée* et *arrêtée* entre plusieurs, à l'action, ce qui veut dire à l'attentat..., il n'y a plus qu'un pas à faire pour y arriver...

Tel est, Messieurs, le *complot* défini et puni par notre Code criminel. J'ajouterai, pour terminer cette démonstration, que, pour que le complot soit coupable, il ne doit pas seulement *avoir* existé, il doit encore *exister* au moment de l'arrestation de celui ou de ceux qui y auront pris part. Vous concevez, en effet, que tel homme aura pu prendre part à un *complot*, et après cette résolution d'agir, *concertée* et *arrêtée* entre lui et ses complices, apercevoir le danger auquel il va s'exposer, *regretter* ce qu'il aura conçu, *renoncer* à l'exécution d'un projet coupable. La loi n'a qu'un intérêt, c'est à frapper l'homme coupable; si sa pensée l'a été, elle a cessé de l'être par le regret avant l'exécution... La loi jette un voile protecteur sur le passé, elle ne voit que le présent; elle n'a pas voulu assurément fermer la voie au repentir; la société ne souffre pas de la conception d'une action criminelle. Si l'homme recule devant une mauvaise inspiration, loin de lui en faire un reproche, elle l'absout par un juste oubli.

Le *complot*, *l'attentat* et la *tentative* d'attentat, nous vous les avons expliqués avec soin, avec conscience... Sont-ce des crimes dont la preuve soit si difficile à faire, et ne sera-ce qu'avec la plus grande difficulté que l'accusation en constatera l'existence?.. Les crimes sont des plus graves, je ne me le dissimule pas; mais plus ils ébranleront la société, plus les moyens possibles de destruction devront être nombreux, et, par suite, plus leur découverte sera facile... Permettez-nous de vous citer quelques exemples. Le complot ou l'attentat ont-ils pour but soit de *détruire*, soit de *changer le gouvernement* ou *l'ordre de successibilité au trône?* Mais, pour arriver à ce renversement, à ce bouleversement d'un État, pour substituer enfin à ce qui est ce qui n'est pas encore, pour n'avoir rien à craindre des partisans du gouvernement, de ses troupes, de la population, etc., que de propositions auront été faites par les chefs du pacte! que de correspondances entretenues! que de promesses! que d'or, que d'argent distribués! que de corruptions tentées! que de conciliabules tenus! S'agit-il d'exciter les citoyens à *s'armer les uns contre les autres*, c'est là ce que la loi nomme *l'excitation à la guerre civile :* des cris séditieux l'annonceront, des proclamations incendiaires seront répandues... on encouragera le crime, on déifiera les coupables. Ce ne sera pas assez, il faudra une voix assez puissante pour faire couler le sang ; il faudra une autorité assez forte pour que rien ne lui résiste, il faudra une contrainte suffisante pour armer le bras protecteur et secourable d'un ami, d'un frère, d'un concitoyen, du fer ou du poignard d'un ennemi, d'un assassin, d'un meurtrier! Enfin, pour résoudre et tenter des *complots* de cette nature, il faudra bien que leurs coupables auteurs préparent les approvisionnemens du crime, des armes, de la poudre, du plomb..; il leur faudra, pour tout dire, comme aux conquérans de tous les temps, un arsenal de destruction !

Eh bien ! Messieurs, nous vous le demandons maintenant, lorsque l'on vous signalera l'existence d'un *complot*, l'existence d'un *attentat*, serez-vous trop exigeans en répondant à l'accusation : Apportez-nous des preuves, elles doivent s'offrir à vous en foule ; si vous ne les rapportez pas, les crimes que vous signalez sont imaginaires. Comment auraient - ils existé sans des témoins aussi nombreux !

M. l'avocat-général a bien prévu cette objection de la part de la défense : il a bien compris qu'il ne parviendrait pas à vous faire concevoir l'idée d'un *complot* tendant à *détruire* ou à *changer* le gouvernement, etc., ou à *exciter* les citoyens à la guerre *civile*; aussi, dans son embarras, s'est-il arrêté à ce qu'il appelle les *résultats*, les *conséquences* du *complot*. Il a, pour exprimer toute ma pensée, voulu prouver les causes par les *effets*, et non les *effets* par les *causes*. Ce procédé est habile, j'en conviens, il est ingénieux ; il n'a qu'un défaut, c'est de n'être pas logique, c'est d'être spécieux. — On apprécie en général les *effets* par leurs *causes*, plutôt que les *causes* par leurs *effets*. En matière criminelle, c'est un principe certain, c'est une doctrine salutaire, que nul raisonnement ne saurait altérer ou détruire. Vous allez en être convaincus.

Dans le langage de la loi, qu'est-ce qu'une action sans l'agent ? un fait tout *matériel*. Depuis quand trouve-t-on des crimes sans criminels, des délits sans délinquans ? nulle part. Pour apprécier la *criminalité* de l'action, que faut-il faire ? apprécier la *culpabilité* de l'*auteur* de cette action. Ainsi cette action sera ou ne sera plus punissable, selon que son auteur aura ou n'aura pas eu l'*intention* de la commettre. En un mot, la *moralité* de l'action ne peut être appréciée que sur le fait de l'*intention* de l'auteur de cette action. Pour suivre l'exemple déjà cité par M. l'avocat-général, ce ne sera pas le *coup* de poignard dont l'assassin percera le cœur de sa victime qui fera le *crime*, ce sera l'*intention* qu'il aura eue de la frapper. Ici, comme nous l'avons déjà dit, l'effet n'est *caractérisé* que par la *cause*. L'*effet* est *coupable* parce que la cause l'a été : la *cause* c'est l'*intention*. Non pas cependant que nous venions prétendre qu'un *attentat* ne puisse pas exister sans complot, si évidemment ; nous poserions un principe trop absolu. La *machine infernale*, la *résolution de Mallet*, étaient des attentats sans qu'il y eût proprement dit *complot*; mais lorsque l'accusation se présente devant vous, pose comme un *fait* irrécusable , c'est que le 22 mai il y a eu un *complot* de formé au château d'Avançon ; lorsque elle vous signale les événemens du 23 comme constitutifs de l'*attentat*, c'est-à-dire comme étant l'*effet*, la *conséquence* de ce *complot ;* la tâche de l'accusation, pour être fidèle aux principes , pour vous faire partager sa conviction, doit commencer par établir *à priori* l'EXISTENCE du *complot*, vous indiquer ses actes *préparatoires* , les *propositions* faites , les *concilia-bules* tenus, la *présence* des conjurés, la *résolution d'agir concertée et arrêtée* entre *plusieurs ,* le *but* de cette conjuration ; nous lui ferons grace des moyens.

Si elle ne le sait pas, si elle ne tente pas même de le faire , parce que la preuve lui manque , échappera-t-elle jamais à cette nécessité de la loi comme de la raison, à cette impérieuse exigence d'un esprit logique, lorsqu'elle vous dira qu'il y a eu *complot* par cela seul qu'on a *agi?* Il y a eu *complot* le 22 mai par ce que nous savons être arrivé le 23 dans les bois d'Amailloux? Eh bien! pour nous, nous nierons ces conséquences, et si les faits du 23 mai restent *seuls, isolés,* nous verrons quels actes ils constitueront aux yeux de la loi. Seront-ce des attentats? c'est-à-dire l'exécution d'un *complot* dont vous n'avez pu constater *l'existence* au débat?

Messieurs, ce n'est pas pour la première fois que la thèse que je repousse a été proposée par l'accusation, mais ce n'est pas non plus pour la première fois qu'elle a été combattue avec énergie par la défense. Qui de nous a oublié la déplorable affaire dite *conspiration de La Rochelle?* n'a-t-elle pas laissé dans notre histoire des traces encore sanglantes!... Alors l'accusation, comme aujourd'hui, regardait comme une tâche vaine et puérile de prouver *l'existence* d'un complot autrement que par quelques troubles isolés, par quelques agitations sans lien, sans affinité entre elles : s'attachant à des faits généraux, elle disait par l'organe de **M.** de Marchangy, que *les révolutions* de cette époque *n'étaient point innées,* que *la même leçon circulait du nord au midi.* Naples était travaillée par le carbonarisme, l'Allemagne ébranlée, le Piémont était dans l'anarchie, elle voyait *depuis les Apennins jusqu'au Bosphore, depuis Lisbonne jusqu'aux bords de l'Oré-*

noque, l'enseignement et le programme de la sédition...
A quoi bon cette argumentation, répondit la défense?
A quoi bon citer à votre barre tous les peuples voisins,
et pourquoi décréter de prise de corps tout l'esprit hu-
main? La défense n'a qu'une tâche à remplir, c'est
de répondre, non pas à des accusations générales,
sans terme, sans limite, mais à des faits *spéciaux*,
formant un tout, une individualité; en un mot, elle
n'est point chargée d'écrire l'histoire des révolutions
européennes, elle n'a qu'une mission, c'est de répondre à des faits *précis*, *formels*, *définis* et *formulés*
dans un acte d'accusation...

Et c'est parce que le défenseur du capitaine De-
lamotte partageait cette doctrine, qu'usant de tous
les avantages de son talent, il disait alors au ministère public, dans son admirable plaidoyer pour
cet accusé, ce que nous dirons dans cette cause à
M. l'avocat-général :

« Ne pouvant rapporter la preuve positive et di-
recte du délit, que fait le ministère public? il re-
cherche les symptômes dont les conspirations sont
ordinairement accompagnées, puis il s'efforce de vous
les montrer dans la cause. S'il a, dit-il, existé un
complot, vous trouverez des chefs puissans, vous
trouverez des comités de direction, vous trouverez
des agens... Fort bien. — Mais partout où vous trouverez des chefs, des comités, des agens, trouverez-
vous *nécessairement* des *complots* contre l'État?....
Voilà ce qu'il fallait établir. »

Et c'est ce que vous n'avez pas établi!...

Il me semble, Messieurs, que c'est désormais avec plus de liberté que je puis entrer dans l'examen de l'accusation en elle-même. Dans cette discussion nouvelle, je me croirai fort, car je serai protégé par la puissance des principes que je viens d'établir. Je puis le dire, l'accusation est ruinée dans sa base, ne craignons pas de lui porter un dernier coup.

Quelques observations préliminaires doivent trouver ici leur place... C'est un usage de l'accusation de vous parler d'abord de ce que, dans la langue des réquisitoires, on a nommé l'usage des *faits généraux*. C'était là une tradition malheureuse de la restauration, et que nous regrettons d'avoir vu adopter par les parquets depuis la révolution de Juillet... « Si jamais des esprits pervers, s'écriait l'éloquent défenseur de l'infortuné Bories (1), avaient voulu rechercher une voie qui ne pût conduire la justice qu'à des erreurs douloureuses, et qui *assurât le triomphe du crime et la perte des innocens*, certes, jamais on n'eût découvert rien de plus propre que les *faits généraux* pour atteindre ce détestable résultat. » Nous vous l'avons indiqué il y a peu d'instans. Pourquoi donc l'accusation a-t-elle cru nécessaire, dans l'intérêt de la justice, de vous parler dès son début de la Vendée, *de l'ancienne complicité de cette terre malheureuse à des projets contre-révolutionnaires?*

_____

(1) M. Mérilhou.

Où donc était le besoin, pour elle et pour vous, de rappeler de si tristes souvenirs? Vous parlerai-je de la première guerre de la Vendée, des causes qui l'ont fait naître? Non, Messieurs, ma cause ne l'exige pas, et ce ne sera pas pour moi un regret. Sans doute, et il y aurait de l'injustice à le méconnaître, l'*ancienne* Vendée, pour son Dieu, pour sa religion, pour son roi, ne manqua ni de courage, ni de persévérance ; un grand capitaine, le général Lamarque, le reconnut en son honneur. Mais si elle eut ses jours de victoire elle eut aussi ses jours de revers. Et quel est le vainqueur qui ne regretterait son triomphe s'il était payé du sang de ses frères? N'ajoutons rien ; l'histoire est là pour la juger... Quant à moi, et j'éprouve le besoin de vous le dire, les guerres civiles, quels qu'en soient les motifs, sont des malheurs à déplorer. Ce ne sera pas moi qui tresserai des couronnes pour les vainqueurs ou pour les vaincus : je plaindrai les vainqueurs, je plaindrai les vaincus. Je plaindrai *Marius* comme je plaindrai *Sylla*.

Quant à la Vendée d'aujourd'hui, n'appartient-elle pas à la France? N'est-elle pas comme nous amie d'une sage liberté, d'institutions constitutionnelles ? Loin de chercher un meilleur avenir dans de nouvelles agitations, sa population, éclairée et industrieuse, a soif de repos..... Quant à l'homme du Bocage, il est simple, il est pauvre, il est religieux, superstitieux même. Heureux de sa pauvreté, il vit avec elle comme avec une compagne fidèle. Sans amsition, il se plaît dans la dépendance de l'homme plus élevé que lui. *Son esprit est lent, son cœur généreux, mais irascible ; sa conception peu facile, mais sûre ; ses mœurs simples et partriarcales ; bon, hospitalier, juste, fidèle à ses engagemens, mais taciturne,* MÉFIANT POUR TOUT CE QUI LUI VIENT DE L'AUTORITÉ, FORTEMENT ATTACHÉ AU SOL QUI L'A VU NAÎTRE (1) : c'est l'homme de la Suisse qui ne peut vivre que dans ses montagnes. Tels sont les Vendéens. Ils étaient comme aujourd'hui bergers ou agriculteurs, *leur funeste destin en fit des soldats...* C'est ce qui vous explique l'existence de quelques bandes de *réfractaires,* composées de quelques jeunes gens que l'amour du sol natal retient au sol, et qui préfèrent une vie errante et vagabonde plutôt que de subir la loi commune : vous concevez comme nous cette position, sans vouloir l'excuser. Ce sont ces bandes que le besoin de leur défense porte à emmener de force quelques hommes de plus avec eux, pour ne pas être livrés à leur propre isolement, et pour organiser, en cas d'attaque, leur résistance ; ce sont ces bandes qui, pour vivre, vont mendier à main armée, pendant la nuit, des vivres. Quant aux vols et aux brigandages qui se commettent, ils restent le fait de quelques individus, des crimes *individuels,* pour tout dire. Je crois que, sur ce point, je pose des faits incontestables ; d'une part les débats ont amené de-

(1) Alphonse Beauchamp, *Histoire de la guerre de la Vendée.*

vant vous des recrues *forcées* des réfractaires, et un dernier témoignage confirmera ceux que l'accusation aurait elle-même produits.

Je sais, Messieurs, que votre conviction se forme principalement sur les renseignemens que vous fournissent les débats ; je sais aussi que chaque affaire portée devant une Cour d'assises a sa *spécialité*, que ce qui se passe dans un débat ne peut guère, en général, être invoqué hors de l'enceinte dans laquelle le débat commence et finit... Ce ne sont pas ces principes que je viens méconnaître devant vous ; mais s'il arrive que des faits généraux soient constatés dans une audience, la publicité qui nous les révèle nous en laisse les appréciateurs ; chacun de nous peut les prendre pour vrais, ou les rejeter s'il les croit faux, selon sa conviction. Votre conscience vous dira quel cas vous devez faire du document dont j'entends m'autoriser ici.

Naguère la Cour d'assises de Loir-et-Cher était saisie de l'accusation portée contre M. de Caqueray et autres ; il s'agissait de ce qu'on a pris l'habitude d'appeler une affaire de *chouannerie*. Le capitaine Galleran, du 44e, si je ne me trompe, entendu une première fois, fut interpellé une seconde, par le ministère public, sur les faits nombreux qui étaient venus à sa connaissance pendant son séjour en Vendée. Sa déposition fut regardée par l'accusation comme *importante*.

C'est le témoignage de ce brave officier que je rapporte au procès.

« Les métayers, a-t-il dit, ne faisaient rien pour les bandes que par la *force;* ils ne cédaient, pour la plupart du temps, qu'à la terreur que les bandes inspiraient... Les métayers, je le répète, ne faisaient rien pour les bandes que par la *peur...* »

Autre fait à constater, c'est que ces bandes ne tiraient pas sur la ligne.

«Cela est vrai, continuait le capitaine Galleran, et, en général, *les bandes ne faisaient pas de mal aux soldats.* Un de mes soldats, le jeune Valeret, fut pris dans une battue. « N'es-tu pas, lui dirent les chouans, de ces mâtins qui nous ont envoyé des balles ce matin? — Oui, répondit Valeret; j'ai fait mon devoir. » Et ils le laissèrent aller... »

Si je voulais dépasser les limites que je me suis imposées, je pourrais rechercher, en remontant plus haut, si les troubles de la Vendée ne tiendraient pas plutôt aux mesures extraordinaires que le gouvernement a prises à l'égard de ce pays, qu'à des causes de contre-révolution qu'on leur assigne. Je pourrais dire, avec l'opposition, que cette agitation a été provoquée en grande partie par l'*illégalité* de la mise en état de siége de quatre départemens de l'Ouest, et par toutes les conséquences de cette mesure inconstitutionnelle; je pourrais vous citer à l'appui, ces paroles auxquelles l'expérience d'un soldat donne tant de poids, ces paroles, dis-je, du capitaine Galleran, en présence des juges du pays : « *Je suis convaincu qu'on aurait pu éviter en grande partie les événemens de la Vendée,*

EN AGISSANT AUTREMENT QU'ON L'A FAIT ; » paroles *graves* qui ont été recueillies et *retentiront au loin*, disait l'honorable magistrat présidant la Cour d'assises de Blois (1). Mais ce serait sortir de ma cause, changer le modeste banc de la défense en une tribune politique, et jeter au milieu de ce prétoire un nouveau levain de discorde, alors que nous n'avons qu'un désir, celui de la bannir pour toujours loin de nous... J'aurai fait mon devoir en vous livrant ces importans souvenirs ; vous ferez le vôtre en les appréciant avec toute votre sagacité.

Si des faits *généraux* de l'accusation, je viens à l'examen de quelques faits *particuliers*, il en est un dont la défense doit se hâter de faire justice : l'invraisemblance du fait articulé se trouve dans le texte même du réquisitoire :

Rapportons ses paroles : « *Désormais, c'est une vérité de notoriété publique, que l'existence du* COMPLOT *formé par le parti de Henri V pour le renversement du gouvernement actuel, à quelque prix que ce fût, à celui même de l'horrible guerre civile! Ce* COMPLOT, *dont les* VASTES RAMIFICATIONS EMBRASSAIENT TOUTES LES PROVINCES DE L'OUEST, *et dont l'explosion avait été fixée au 24 mai, devait en particulier recevoir ce jour-là son exécution dans la commune d'Amailloux, où plusieurs chefs, avec leur bande, étaient à l'avance convenus de se réunir.* »

____

(1) *Gazette des Tribunaux*, des 8 et 9 octobre 1832.

Un *complot* existait !... L'accusation n'a pu vous en rapporter la preuve, aussi en appelle-t-elle à la *notoriété publique*, nouvelle espèce de preuve judiciaire que jusqu'alors nous ignorions, et dont le Code d'instruction criminelle ne parle pas. — A cette *notoriété publique* j'oppose la déposition du capitaine Vieille que vous avez entendue; il vous a dit qu'il ne croyait pas à une prise d'armes pour le 24 mai.

Quels seraient les auteurs de ce *complot?* « *Cet enthousiasme*, dit encore le réquisitoire, *n'était celui que d'un petit nombre de jeunes gens égarés, que de* QUELQUES *officiers de l'ancienne garde royale, qui, jugeant enfin arrivé le moment de payer de leurs personnes, crurent ne pouvoir moins faire en faveur de celle dont ils avaient provoqué le retour* (madame la duchesse de Berry), *que de s'aller offrir pour chefs aux bandes indisciplinées des rebelles.* (1) » Ainsi *un petit nombre de jeunes gens égarés*, QUELQUES OFFICIERS *de l'ancienne garde royale*, auraient été les auteurs d'un complot *dont les vastes ramifications*, rappelez-vous le langage de l'accusation, *embrassaient toutes les provinces de l'Ouest!...* Quel homme de sens pourra jamais concevoir une entreprise aussi vaste avec des moyens aussi faibles? Quel levier sera assez puissant pour soulever ainsi des provinces entières!... *Quelques jeunes gens, quelques officiers de l'ex-garde*, dites-vous?..... Mais leurs moyens, leur force, leur appui, où les trouverez-

(1) Texte de l'acte d'accusation.

vous?... Disons-le : si jamais un pareil projet, un projet aussi coupable avait pu entrer dans l'esprit de *quelques uns*, ce ne serait pas de l'*égarement* seulement que je leur reprocherais, mais de la folie!...

Et ce qui prouve encore que ce *complot* n'est qu'une fable, c'est que plus il était *vaste* plus ses *ramifications* s'étendaient au loin, et plus apparemment son *avortement* aurait dû laisser des *traces*. Admettez par une pure hypothèse son existence... Voyez-en les *suites* inévitables. Le 24 mai, des communes entières se seront soulevées, l'étendard de la révolte aura été arboré, des bandes auront été rencontrées, la troupe aura été assaillie, le sang aura coulé... Si, au contraire, l'instruction judiciaire n'a pu vous signaler l'insurrection d'une *seule* commune, si pour pièces de conviction l'accusation ne peut montrer ni ses morts ni ses blessés, si elle a été réduite à transformer en étendards des conjurés deux guenilles, dont l'une, *tirée à quatre épingles* sur un bâton (et vous savez que le mot est historique), aurait été trouvée près de Challandray, nous lui demanderons si c'est bien sérieusement qu'elle a parlé. Si la troupe a rencontré des hommes, si ces hommes ont pris la fuite à son approche, où donc aura été la résistance! Alors il faudra bien en convenir, un *complot* aussi vaste que le suppose l'accusation, un *complot* de cette nature qui ne laisse pas de *traces* après une *tentative* d'exécution, ne sera jamais un *complot*.

L'embarras de l'accusation se révèle à chaque pas, non seulement lorsqu'il s'agit d'établir le *complot*, mais de prouver l'*attentat :* aussi, ne négligeant rien, recherche-t-elle dans le débat des *actes préparatoires* qui constitueraient non plus l'attentat, mais une tentative d'*attentat.* M. l'avocat-général vous a même annoncé qu'il demanderait à la Cour la position d'une *question* nouvelle, comme résultant des débats. La défense la repoussera, sans doute, quoique, à vous dire vrai, elle n'entende pas donner à quelques faits controuvés une importance qu'ils n'ont pas... Voici les propositions mises en avant par l'accusation :

1° On a attaqué la correspondance de Clessé...

2° Des bandes ont été *surprises* sur les hauteurs de Chiché.

3° On les a délogées des bois d'Amailloux.

4° Elles ont tiré sur la troupe.

D'abord il n'y a point eu d'*attaque* de la correspondance de *Clessé,* mais bien une *rencontre imprévue* entre la troupe de ligne et quelques hommes réunis; le capitaine Vieille en a déposé formellement... Le 23 mai à huit heures et demie du matin, vous a-t-il dit, sa correspondance, composée de cinq hommes, revenait de St-Germain. Ces hommes, ayant aperçu une bande de chouans considérable, se mirent en mesure de faire *feu...* On demande au capitaine Vieille : « Y a-t-il eu *fusillade? —* Il *n'y en a eu que* D'UN CÔTÉ de la troupe, a-t-il répondu, *cela est positif. — La bande s'est envolée comme un éclair.* »

L'a-t-on *surprise* sur les hauteurs de Chiché?

Ici M. l'avocat-général avait, dans son exposé, présenté les bandes comme cherchant sur les hauteurs de Chiché une position avantageuse pour le combat... Ce qui prouve que les bandes ne s'occupaient guère de stratégie alors, c'est que l'accusation est forcée d'avouer qu'*à la vue des militaires les rebelles ne songèrent qu'à fuir.*

Qu'on les ait *délogés* du bois d'Amailloux, c'est un fait irrécusable, comme il est sans gravité pour la défense; mais qu'ils aient *tiré* sur la troupe, c'est ce qu'on n'a pu établir... Le capitaine Vieille, M. le lieutenant de Saint-Arnault, les sergens Bernard et Bobau ne l'ont pas dit; le premier et le troisième témoins ont même déclaré que les premiers coups avaient été tirés par la troupe. J'ai fait d'ailleurs constater dans les débats, et c'était un point important à établir, que lorsque la troupe apercevait des individus réunis, elle leur criait d'arrêter; que s'ils ne s'arrêtaient pas, elle tirait sur les bandits, selon l'expression du capitaine Vieille. J'invoquerai encore la déclaration du capitaine Galleran; vous n'avez pas oublié ce qu'il disait : « *Les bandes ne faisaient pas de mal aux soldats.* »

J'ajouterai qu'on ne concevrait pas, dans le système de l'accusation, cette résistance du 23 mai, lorsque le complot ne devait, disait-on, éclater que le 24, et lorsque, d'après M. l'avocat-général lui-même, « *l'intention n'était pas d'agir le 23, mais de se tenir à couvert* pour *la journée du 24, où l'on se proposait d'agir.* » — A la vue de la troupe, les insurgés n'avaient qu'un *intérêt*, c'était de chercher leur salut dans la fuite, et non de compromettre l'exécution du prétendu complot du 24 par une résistance qui aurait commandé à l'autorité de se tenir *sur ses gardes*, lorsque les conjurés devaient au contraire chercher à surprendre sa confiance et sa sécurité...

Il est temps, Messieurs les Jurés, d'entreprendre enfin l'examen, non pas des charges, non pas des présomptions, mais des indices légers auxquels l'accusation a voulu vous faire reconnaître la culpabilité de MM. Mounier et Durepaire...

J'ai prêté à l'accusation l'attention la plus scrupuleuse, j'ai suivi jusqu'à ce moment avec un vif intérêt les efforts de la défense, et, je vous l'avouerai, je m'étonne que l'une et l'autre aient négligé de traiter une question qui domine, ce me semble, toute l'accusation. Avant de parler d'un coupable, l'accusation qui veut vous convaincre ne doit-elle pas vous indiquer l'intérêt qu'il avait à commettre un crime? Celui-là est coupable à qui le crime profite, dit un vieil axiome de notre droit criminel; l'expérience en a vérifié la justesse, il n'a rien perdu à vieillir. Or, on se demande ce que les accusés en général, ce que MM. Durepaire et Mounier avaient à gagner dans une contre-révolution. Qu'on ne nous parle plus de leurs opinions personnelles, de leurs convictions politiques : loin de s'en défendre ils s'en font honneur, et parce qu'elles ne seront pas les nôtres, pourront-elles tout d'abord les faire considérer comme *suspects?* La révolution tuait leur avenir? Leur avenir! M. Durepaire a renoncé au service dès 1827. M. Mounier était marié lors de la révolution de Juillet, et son avenir, pour être moins rayonnant de gloire selon les hasards de la guerre, n'en était pas moins assuré : son ambition pouvait être satisfaite. Comment concevoir alors pour l'un et pour l'autre le besoin de changer leur position honorable dans la société, pour s'affilier à une conspiration, pour compromettre leur repos, celui de leur famille, pour risquer leur vie!... Je ne veux pas donner de plus longs développemens à cette considération toute morale dans la cause; ce sera M. l'avocat-général qui complétera ma démonstration, si elle ne vous paraissait pas parfaite.

« Quels auraient été les motifs du crime, disait M. Berville devant la Cour d'assises de la Seine, dans la défense de Fort? C'est là toujours la considération qui s'offre la première, c'est la plus puissante : *Quels motifs?* et surtout *quels motifs si importans?* Car, MM. les Jurés, ce n'est point une chose vulgaire que le crime : l'homme ne s'y résout jamais sans de nombreux combats, et sans de longs efforts. Le crime!... S'est-on bien rendu compte de tout ce qu'il y a dans cette expression terrible! le crime! révolte contre la nature humaine; attentat contre les sentimens de compassion et de sympathie qui nous portent à épargner, à secourir nos semblables ; châtiment immense, châtiment d'autant plus terrible que le crime est plus grand, voilà ce que renferme ce mot épouvantable.

Quel intérêt si puissant a donc pu balancer tant de résistances? donnez-moi des motifs, montrez-moi des causes évidentes, graves, puissantes, les *motifs*, les *motifs*...»

Les *motifs*, les *motifs!* veuille M. l'avocat-général nous les indiquer!

Je touche à l'examen des charges proprement *dites* que l'accusation oppose à mes cliens.

Vous savez que MM. Durepaire et Mounier ont profité de l'occasion d'un voyage dans les Deux-Sèvres pour aller visiter M. Emile de Chièvres au château d'Avançon. Là ils se sont rencontrés avec deux personnes *qu'ils n'avaient jamais vues*, MM. Wampers et Gaspard de Chièvres. L'accusation voit, dans leur arrivée au château d'Avançon, *un fait terrible*. La raison, c'est qu'ils allaient se trouver chez un homme qui *conspirait*. MM. Durepaire et Mounier le savaient-ils? C'est pour eux la première nouvelle... MM. Durepaire et Mounier font plus qu'en douter; ils ne le croient pas encore... Que pour achever le tableau, l'accusation, que le talent de son éloquent organe appelle à dessiner à grands traits ses personnages, vous dise: *Ils se rayonnent autour de M. Emile de Chièvres, ils en sont les satellites*, ce sont des mots sonores...; ils ne prouvent rien. Voyons un autre fait.

Le 23 mai, M. Emile de Chièvres a reçu une lettre. Selon sa première déclaration elle était de M. de Larochejaquelein; elle donnait le détail de nouvelles institutions pour la France. Selon les déclarations *ac-*

tuelles de M. Émile de Chièvres, cette lettre était celle de M. Oriordan, annonçant une propriété à vendre, etc. M. Oriordan confirme ce fait... Un fait positif, c'est que M. Emile de Chièvres, au moment où il reçut cette lettre, la communiqua à M. Wampers. Que l'accusation ne nous dise pas que ce n'était pas la lettre de M. Oriordan, mais bien celle de M. de Larochejaquelein; car, comme elle ne peut rien prouver que par la déclaration de M. Wampers, il faudra bien qu'elle accepte cette déclaration telle qu'elle sera. M. Wampers nie avoir eu connaissance d'autre lettre que de celle de M. Oriordan... Il n'y a dans ce fait rien que de très innocent. J'admettrai, si l'on veut, que la lettre reçue par M. Emile de Chièvres était celle de M. de Larochejaquelein, qu'il l'a communiquée à M. Wampers. Cela prouvera-t-il que MM. Durepaire et Mounier l'ont connue? Mais M. Gaspard de Chièvres était beau-frère de M. Wampers? Cette parenté ne rendait pas indispensable cette communication, et MM. Durepaire et Mounier n'étaient ni parens ni amis de MM. Wampers et Gaspard de Chièvres.... Voyez, Messieurs, s'il ne convient pas de faire prompte justice de ces subtilités.

Cette communication de la lettre de M. de Larochejaquelein, selon M. l'avocat-général, car il la regarde comme constante, à ses yeux du moins constituerait le *complot* qu'on reproche aux accusés... Un *complot!*.. On n'en indique pas le *but*... On suppose qu'il tendait à soulever *toutes les provinces de l'ouest*, et un seul *conciliabule* au château d'Avançon aurait suffi pour dresser le plan de la conjuration, les moyens d'attaque, les moyens de résistance? O raison, comme on t'outrage!... Est-ce ainsi qu'on conspire? est-ce ainsi qu'en agissent les conspirateurs? Rappelez-vous la conspiration de La Rochelle : l'accusation, dans cette affaire, n'en était pas réduite à voir un *complot* dans une réunion *unique* et *fortuite* de cinq personnes, qui, pour quelques unes d'entre elles, se voyaient *pour la première fois*. Elle prouvait des réunions *nombreuses*, et, il faut le dire, des réunions *nécessaires* des conjurés : au Roi Clovis, à Paris; à la Fleur de Lis, à Orléans; au Lis d'Or, au village de Lafond; à la Boule d'Or, au Soleil d'Or, à La Rochelle. Dans ces auberges, les chefs s'étaient réunis, les inconnus s'étaient fait reconnaître; des discours, des propos avaient été tenus;.... et c'est forte de ces faits, que l'accusation parlait aux jurés d'un *complot*. Ici rien de semblable, parce que le *complot* dont on vous parle n'exista jamais.

Vous savez que, le 21 mai, MM. Durepaire et Mounier se rendirent à Parthenay dans l'espérance d'y rencontrer le capitaine de Baillou, leur ancien camarade; vous savez aussi que ne l'ayant pas trouvé à Parthenay, M. Mounier lui écrivit en ces termes, que je dois remettre sous vos yeux : « Si vous êtes le même Baillou que nous avons connu autrefois, *vous n'hésiterez pas à venir nous rejoindre, si votre service vous le permet, au château d'Avançon, près*

Saint-Maixent, où nous sommes encore pour deux ou trois jours au plus tard. »

Je ne relèverai pas à cette occasion une insinuation fort légère de l'accusation, lorsque, dans ce voyage à Parthenay, elle a entrevu une tentative d'embauchage auprès de M. le capitaine de Baillou... Je crois qu'elle a été plus loin qu'elle le voulait, et elle regretterait sans doute de se faire un moyen contre les accusés d'un soupçon que rien n'autorise, et qui, jusqu'à un certain point, serait plus que désobligeant pour un tiers, que ce soupçon ne saurait au surplus atteindre.

A l'occasion de ce voyage, M. l'avocat-général nous a fait une série d'objections que je dois vous reproduire pour les combattre. Vous allez à Parthenay pour voir le capitaine de Baillou, *pourquoi ne pas l'attendre au château d'Avançon ? pourquoi ne pas prendre les mêmes chevaux lors du second voyage, le 23 ? pourquoi s'égarer dans des chemins difficiles ? pourquoi revenir sur ses pas ?*

MM. Durepaire et Mounier avaient appris à Saintes que le capitaine de Baillou pouvait être à Parthenay : le 21 mai, M. de Chièvres (Émile) leur donne deux de ses chevaux pour s'y rendre. Arrivés à Parthenay, ils ne l'y rencontrent pas. Ils lui écrivent de venir les rejoindre, *si son service le lui permettait.* La lettre est remise à un officier du 64e... On ne réfléchit pas dans ce premier moment ; mais bientôt on rencontre M. Ardisson : on parle, comme des militaires ne manquent jamais de le faire, du service du 64e régiment, des cantonnemens, de leur éloignement , de la lenteur de la correspondance, etc. On prévoit alors (*ce qui s'est vérifié*) que la lettre n'arrivera au capitaine de Baillou que trop tard pour lui permettre de se rendre à l'invitation, quand même il le pourrait. D'un autre côté, on suppose que son service pourra le retenir... On change d'avis, de résolution ; et, au lieu de l'*attendre*, on se promet d'aller le rejoindre le surlendemain à son cantonnement présumé... On s'informe en vain auprès des officiers du 64ᵉ de la situation exacte de ce cantonnement du capitaine de Baillou; ils l'ignorent. Pour le connaître, il faut se rendre à Chiché, où se trouve l'état-major de son bataillon. C'est vers ce lieu en effet qu'on se dirigera. On ne prendra pas les chevaux de M. Émile de Chièvres, parce qu'on ne voudra pas abuser de son obligeance ; et deux officiers d'infanterie ne reculeront probablement pas devant une course de huit lieues.... Ils ne s'égareront pas *dans des chemins difficiles*, car on les arrêtera *sur* la route même de Chiché...; et s'ils reviennent sur leurs pas, c'est que trop de chemin leur restera encore à faire pour voir M. de Baillou, dont le cantonnement sera à Coulonges, au delà de Chiché... Ces explications, Messieurs les Jurés, répondent à tout. M. Mounier vous les avait données dans l'interrogatoire qu'il a subi devant vous.

Le réquisitoire avait fait une autre remarque. M. Wampers se rendait à Lille, comme il vous l'a annoncé, lorsqu'il partit du château d'Avançon avec son beau-frère, M. Gaspard de Chièvres; on demande à M. Durepaire si MM. Wampers et Gaspard de Chièvres lui avaient parlé de leur voyage. M. Durepaire a répondu : « *Comme je les rencontrais pour la première fois chez cette dame* (madame Aymer), *je ne me suis point hasardé à les questionner sur leurs projets.* M. Mounier aurait dit, au contraire : *Oui, je savais qu'ils devaient prendre la route de Saumur pour se diriger sur Lille, où M. Wampers voulait se rendre. Son beau-frère ne devait pas l'accompagner bien loin. M. Wampers ne faisait pas mystère de ce voyage, et* M. DUREPAIRE *l'a appris,* AINSI QUE MOI, *pendant que nous étions chez madame Aymer...*

Ces deux réponses impliquent-elles contradiction, et n'est-il pas possible que M. Mounier ait connu ce que M. Durepaire a *ignoré?* assurément : car M. Mounier ne vous a dit ne l'avoir appris qu'*à table*, de M. Wampers, et M. Durepaire peut fort bien ne pas l'avoir *entendu.* M. l'avocat-général ne s'est pas au surplus arrêté à cette légère contradiction, dont cependant il n'a pas fait grace à la défense.

La présence de MM. Wampers, Gaspard de Chièvres, Durepaire et Mounier au château d'Avançon, le 23 mai, est un fait avoué par tous. Il n'en est pas de même des circonstances qui ont précédé leur départ. Selon l'accusation, ce départ aurait été *simultané;* selon nous, il ne l'a pas été. Si je consulte l'instruction, si je consulte les débats, deux témoins à charge viendraient soutenir la version des accusés.

— Entendez-les : Selon la fille Boranger, femme de chambre au château d'Avançon , M. de Chièvres serait parti *seul* avec son domestique. Simonet, cocher, croirait que M. Wampers serait parti *avant* M. Emile. Je sais bien que, pour trancher la question, M. l'avocat-général s'est fait un argument contre nous des déclarations de *Leclerc*, de *Faucher*, c'est-à-dire de deux des accusés ! Vous comprenez, MM. les Jurés, que cette argumentation est peu morale ; votre conviction , en se fondant sur les témoignages que l'accusation lui produit , pour les adopter, doit les vouloir émis avec liberté , surtout *exempts d'intérêt* , de partialité : telles ne sont pas les déclarations d'un accusé contre son co-accusé... Mais s'il fallait prendre les récits de *Leclerc* , de *Faucher*, sont-ils donc tant accusateurs contre nous ? Leclerc a vu arriver dans la nuit du 22 au 23 mai M. Emile de Chièvres, accompagné de cinq ou six messieurs... Leurs noms , il ne les a pas retenus. Confronté, depuis son arrestation , avec MM. Wampers, Gaspard de Chièvres, Durepaire et Mounier, *il ne les a pas reconnus*, et , fait important à vous signaler, c'est que les rétractations de ses premières déclarations datent du 23 juillet : c'est le 3 juin que la confrontation a eu lieu !..... M. *Dardillac* aîné, qui était avec *Leclerc*, ne les a pas reconnus non plus.

Pour *Faucher*, il aurait été attendre M. Émile de Chièvres jusqu'à la Chevallerie. Ces quatre messieurs , selon ses déclarations premières , *rétractées* depuis dans l'instruction comme aux débats, seraient arrivés avec M. Émile de Chièvres à la Chevallerie. Faucher les quitta. Que sont-ils devenus depuis? il l'ignore. L'accusation ne peut que se livrer à des conjectures.

Dans quelque hypothèse que nous nous placions, même en adoptant le départ *simultané* du château d'Avançon, que faudrait-il en conclure? Qu'ils seraient partis pour *exécuter* un *complot* contre l'État, sans armes pour attaquer ou pour se défendre, sans or pour payer ou séduire leurs partisans, sans un fourniment quelconque, sans emmener leurs *fidèles* avec eux, sans se munir de leurs anciens uniformes, des insignes de leurs grades dans l'armée, pour s'en revêtir le 24 mai, le jour du combat? Pas la plus petite précaution du plus maladroit des conspirateurs!... Le malheureux Caron savait bien que le courage ne suffisait pas seul pour présider à une insurrection, qu'il fallait que le chef éclairât le mouvement par les insignes de son grade, que dans la mêlée les conjurés pussent se rallier à un chef visible. Aussi, quand la trahison le ramena prisonnier, l'Alsace, du premier coup d'œil, reconnut-elle Caron à son uniforme de colonel! Les accusés n'y auront pas songé, et dans leur rêve insensé, ils laisseront au château d'Avançon, MM. Wampers et Durepaire du linge marqué aux initiales de leurs noms, M. Mounier une redingote *verte*; de manière que, lorsque le complot aura éclaté, l'autorité, dans ce premier moment d'effroi, jetant partout ses soupçons, les portera au château d'Avançon ainsi qu'aux domiciles de MM. Durepaire et Mounier, hommes que leurs opinions rendent *suspects*. Des perquisitions y seront faites ; les propriétaires en seront absens ; on se saisira du linge des uns, des habits des autres. A Avançon on saisira du linge, des habits, n'appartenant pas à M. Émile de Chièvres, ce seront là les premiers témoins que l'imprévoyance des conjurés aura offerts gratuitement à la justice !.... Qui pourrait croire à tant d'imprévoyance ?

Autre objection. Sur la route de Parthenay à Chiché, MM. Durepaire et Mounier se sont rencontrés avec MM. Wampers et Gaspard de Chièvres : que, dans leurs interrogatoires, M. Durepaire ait dit qu'il les y avait *rencontrés*, et M. Mounier qu'il les y avait vus *entrer*; ce serait ici une pure querelle de mots, et l'accusation est trop grave pour s'y arrêter... Quant à nous, Messieurs les Jurés, nous fixerons votre attention sur ce qui s'est passé dans l'auberge de la Jussay : c'est là qu'est tout le procès...

Parlons d'abord des localités... De Parthenay à Chiché on compte quatre lieues de pays ; entre cette ville et le bourg on ne compte qu'une auberge, c'est celle de la Jussay, à peu près à moitié chemin : elle est auprès de la grande route ; la troupe a l'habitude de faire halte dans cet endroit. Le 23 mai était un mercredi, jour du *marché* de Parthenay. La route était couverte de monde, l'auberge était pleine d'allans et

venans; c'est dans cette auberge que MM. Wampers,
Gaspard de Chièvres, Durepaire et Mounier ont été
trouvés assis à la même table, non pas *cachés*, mais
occupés de soins très peu suspects, ils *dinaient!*...
M. l'avocat-général, adoptant le rapport de M. le lieutenant Rebour, nous a dit : *Cette maison était suspecte.*
Raison de plus, ce me semble, pour que des conjurés
n'allassent pas y chercher un abri; car dès l'instant
que la troupe était mise sur pied par le cri : *Aux armes!* de la patrouille de Clessé, les soldats qui sa-
vaient, dites-vous, que cette auberge était *suspecte*,
ne devaient pas manquer de s'y porter pour la fouiller,
ce qu'ils n'ont pas manqué de faire; raison de plus,
alors, pour les accusés qui devaient le prévoir, qui
devaient le *savoir*, pour ne pas y *entrer* alors... Du
reste, il faut vous lire de nouveau le rapport de M. Rebour, c'est un monument assez curieux dans le procès.

Amailloux, le 23 mai 1832.

« Mon Commandant,

« Il était dix heures et demie du matin, lorsqu'un
détachement, envoyé par mon capitaine, vint me prévenir que sa correspondance avait été attaquée par
une bande considérable de chouans; qu'il fallait que
je prévinsse le détachement de Chiché de prendre les
armes et de se trouver à deux heures dans le bois
d'Amailloux. Cet ordre fut promptement exécuté, et
de plus je fis prévenir *Lajeon* et *Maisonier* de se rendre en toute hâte vers le bois.

« Mon détachement étant arrivé à l'heure fixée au bois d'Amailloux, je me réunis au commandant Chardron, qui était au centre du bois avec les grenadiers du 1er bataillon et une escorte de Parthenay. Comme nous nous dirigions ensemble vers le carrefour de la forêt pour faire un mouvement général, le détachement de Saint-Germain l'occupant et le capitaine Vieille se trouvant au château de Villebouin, un gendarme fit signe qu'il avait entendu quelques chouans dans le bois. Les grenadiers se portèrent alors en grande hâte vers cet endroit ; *on tira des coups de fusils ;* alors je me précipitai dans le bois, mon détachement, et le lieutenant Debureaux qui était auprès de moi ; je fouillai le bois avec mon détachement environ une heure et demie ; nous entendîmes battre l'assemblée, et nous nous dirigeâmes vers l'endroit du rassemblement. Amailloux était le point de réunion ; y étant arrivés, nous trouvâmes tous les détachemens, ou du moins une partie ; le commandant Chardron y était, ainsi que d'autres officiers de divers détachemens. Là, chacun déploya sa capture ; des fusils, des sabres, des casquettes, des pistolets furent présentés ; *nous n'eûmes pas le bonheur de tomber sur une de ces armes* qui avaient été abandonnées ; cependant nous avions fouillé le bois pendant une heure et demie : *le hasard ne nous a pas servi.* Lorsque nous étions à Amailloux avec le commandant Chardron et quelques détachemens, le commandant fit rappeler, afin de faire une nouvelle poursuite dans le bois. Au moment de son départ, un *paysan* vint le prévenir qu'il avait vu à la *maison* du village de la Jussay, située sur la route de Parthenay, quatre individus qu'il croyait *suspects*, et un autre près des moulins des Rochers, *exténués de fatigue*. Comme ce sont mes parages, le commandant me dirigea vers cet endroit, *mission que j'acceptai* AVEC BIEN DU PLAISIR. En effet, je pris de suite mes hommes, et en grande hâte je me dirigeai vers les endroits désignés ; je dirigeai un sergent et huit hommes vers les moulins, avec ordre de fouiller et de battre partout, et avec le reste de mon détachement je me portai vers la maison de Jussay. Cette maison est cachée par une élévation en venant d'A-mailloux ; lorsque nous fûmes sur la *hauteur*, je *vis* la maîtresse de cette *soi - disant* auberge sortir et faire environ DIX pas, comme quelqu'un qui fait le guet ; seul je me précipitai à toutes jambes vers sa demeure, que je gagnai AVANT elle, *quoique j'en fusse éloigné au moins de cinquante pas* lorsque j'ai pris mon élan ; j'entrai précipitamment, et armé d'un fusil, je *sommai* quatre individus, *que je trouvai à table, de se constituer mes prisonniers*. Mes hommes me rejoignirent immédiatement, et cernèrent la maison. Un d'eux me présenta son passeport, sur lequel je remarquai qu'il disait avoir avec lui un domestique ; je lui enjoignis de me le montrer, ce à quoi il me répondit qu'il était à la poursuite de son cheval qui s'était échappé : la même réponse me fut faite par un autre ARMÉ ÉGALE-MENT D'ÉPERONS A SES BOTTES. Je fis main basse sur les quatre compères, et fis immédiatement la fouille de la maison. Je ne trouvai rien de suspect. Je me disposai à les conduire à Parthenay, lorsque Debureaux venant à passer, je mis entre ses mains mes quatre individus, qui, dans la conversation que j'ai eue avec eux, m'ont déclaré être d'anciens officiers et voyageant pour leur plaisir.

« *J'estime qu'ils sont de bonne prise, et qu'ils* ATTENDAIENT le succès *des leurs pour soulever les villages et grossir leur nombre.*

« *J'ai* DOUBLÉ *mon poste*, AUGMENTÉ *mes faction-naires;* tout le *détachement couchera habillé*, et nous les attendons de pied ferme.

« On a conduit aussi à Parthenay deux autres hommes ; l'un d'eux avait à sa casquette un drap *bleu* en forme de *cocarde*, ce qui a fait que nous l'avons arrêté, d'autant plus qu'il était près du bois et *feignait* de travailler : c'est un domestique de l'ancien maire de mon bourg, et que je faisais guetter en raison de ses *dispositions nocturnes.* Cet ancien maire se nomme Caudière ; dernièrement chez lui *il avait le portrait de Charles X.*

« Je suis avec respect, mon commandant, votre très humble et très obéissant serviteur,

« Signé Rebour. »

M. l'avocat-général a vu dans la présence de quatre des accusés dans l'auberge de la Jussay, le 23 mai, un *fait matériel*, ce qui est vrai, équivalent à celui-ci :

qu'ils auraient été pris sur le champ de bataille, ce qui n'est pas ; et quelques observations sur ce rapport vous le prouveront..... Ils étaient à *quarante lieues* de leur domicile!... Quand cela serait... ne vous en ont-ils pas donné le motif? Moi, je dis qu'ils étaient à *sept* lieues environ d'Avançon. Avançon était leur point de départ. L'accusation aurait dû ne pas remonter plus loin. Ils étaient fatigués! Sept lieues parcourues à pied dans le Bocage au mois de mai, justifient trop bien cet état de *fatigue*, et c'est parce qu'il était *réel* que les accusés vous ont dit avoir à regret pris le parti de revenir sur leurs pas.

Leurs bottes étaient couvertes d'une boue épaisse et fangeuse, au dire de M. l'avocat-général. Selon M. Rebour à ces débats, car son rapport n'en parle pas, *ils avaient de la boue jusqu'au ventre !* Sans exagération, posons le fait : c'est que leur chaussure était couverte de *boue*. L'accusation soutient que le 23 mai il faisait *sec;* les accusés ont constamment déclaré ne pas avoir traversé de *gué*, avoir marché sur la route, etc. Comment douter, après cela, objecte-t-elle, qu'ils n'aient passé la nuit dans les bois d'Amailloux, *où ils auront pris cette boue?...* Messieurs, pour ceux qui connaissent le Bocage, cette circonstance s'expliquerait naturellement. Ecoutez l'auteur d'une description de ce pays, M. de Barante : « Les chemins du Bocage, dit-il, sont comme creusés « entre deux haies ; ils sont étroits, et quelquefois « les arbres, joignant leurs branches, les couvrent

« d'une espèce de berceau ; ils sont bourbeux en hiver
« et raboteux en été, surtout quand ils suivent le pen-
« chant d'une colline ; *ils servent en même temps de
lit à un ruisseau.* »

Voici, au surplus, le fait, et je vous l'avais indiqué
en commençant. Pour rejoindre, en partant du château d'Avançon, la route de Parthenay, il faut suivre
un chemin de *traverse :* c'est ce chemin que, le 23 mai,
à quatre heures du matin, MM. Durepaire et Mounier ont *suivi ;* leurs pieds ont été trempés de *rosée,*
et cette rosée, recouverte ensuite par la poussière de
la route, a formé cette *boue fangeuse, épaisse,* comme
on voudra l'appeler, de la boue enfin, qui a paru si
suspecte à l'accusation !

Messieurs, si vous me demandiez mon opinion sur
ce rapport, je vous dirais avec franchise : Par excès
de zèle, M. le lieutenant Rebour est tombé dans quelque exagération, des apparences l'ont trompé ; mais
j'ajouterai aussi qu'en se trompant il a fait son devoir,
tout rigoureux qu'il fût. Il lui en aura coûté de le
faire ; croyons-le de bonne foi, car c'est une vérité
pour les hommes de cœur, et pour ceux-là la vérité
est une ; qui d'entre nous ne regretterait d'être obligé
de traiter un Français en ennemi ? Il n'est pas de soldat dans notre armée qui ne dise avec le général
Hoche : *Que ceux qui battent tous les jours les ennemis* EXTÉRIEURS *sont heureux !...*

J'ai discuté les *indices* par lesquels l'accusation a
cherché à compromettre MM. Durepaire et Mou-

nier; il me reste à combattre deux propositions bien autrement importantes, dont la preuve, si elle vous était rapportée, ne leur laisserait aucun espoir de salut.

1º Ils ont été les *meneurs* de l'insurrection.

2º Ils étaient à Amailloux.

L'accusation, qui se grandit plus elle approche de sa conclusion, ne vous présente plus seulement MM. Durepaire et Mounier comme des auteurs secondaires d'un complot, d'un attentat...; elle vous les présente comme les fils conducteurs de ce vaste *complot*, de cet *attentat* qui devait soulever toutes les provinces de l'Ouest. « *Jeunes gens de famille, anciens officiers de la garde, ils n'ont pu se mêler aux bandes pour y remplir un rôle subalterne; ils devaient* NÉCESSAIREMENT *en être les meneurs.*

Eh quoi! il ne nous aura pas suffi de demander à l'accusation à quel prix on conspirait: vainement lui aurons-nous dit que cette résolution n'était pas une résolution commune, celle qu'exigeait l'exécution d'un crime ordinaire; vainement, empruntant ses paroles d'autrefois, aurons-nous vu avec elle dans le projet d'un conjuré le sacrifice de son repos, de ses jours, de la sécurité de sa famille; vainement aurons-nous ajouté qu'en se vouant à la guerre civile il se condamnait à une vie périlleuse, errante et vagabonde, et qu'au bout de ses longs et souvent infructueux efforts une seule perspective existait pour lui, la mort ou l'exil; nos paroles ont été vaines, l'accusation a cru

les accusés capables d'un sacrifice plus grand encore!..
Disons-lui en face, elle a trop préjugé de leur courage, ils n'auraient pas celui-là. Mais quels titres
avaient-ils à devenir les meneurs de l'insurrection? Ce
sont, l'avez-vous répété, *des jeunes gens de famille,
d'anciens officiers de la garde*. Ah! que vous connaissez peu l'histoire des guerres civiles... Qui les
prépare, qui les fomente? les grands à qui elles
profitent toujours. Mais quel est l'homme qui les
commence? celui qui a quelque chose? non : celui
que sa position met en évidence? non: celui que des
services rendent recommandable? non encore : qui
donc? un inconnu, un homme ignoré jusqu'alors, celui
qui n'a rien en un mot, je me trompe, *celui qui a du
cœur*, celui dont le corps est à peine vêtu, mais dont
le cœur bat au cri de la liberté, au cri de la patrie :
son nom, je l'ignore ; ses services, un travail dur et
pénible; son savoir faire, il saura mourir, mourir
sans se plaindre, mourir pour son pays : voilà l'homme,
voilà le chef de l'émeute, de la révolte; voilà le héros
d'une guerre civile. Dans ces déchiremens malheureux, les positions sociales disparaissent, tous les
hommes deviennent égaux, la liberté promène son
niveau sur toutes les têtes; elle ne distingue qu'une
chose, le courage. Interrogez l'histoire, demandez-lui
ce que furent tels gouvernans habiles, tels généraux
renommés, tels hommes d'état illustres; elle vous
en nommera quelques uns dont un *jour* révéla l'existence. Ce furent des hommes bien inspirés, et pour

ne vous parler que de la Vendée, ouvrez son histoire, vous y lirez qu'un pauvre *tisserand* et qu'un *garde-chasse* devinrent l'un et l'autre *généralissimes de l'armée vendéenne* : l'un se nommait Cathelineau, l'autre Stofflet. Aujourd'hui même, que sont les chefs de bandes ? *des jeunes gens de famille ? d'anciens officiers de la garde ?* Diot et Robert, *Diot* qui, dans la haine qu'il a jurée à nos institutions, disait à M. Emile de Chièvres, qui le suivait moins comme partisan que comme captif : *Je ne demande à Dieu qu'une grace, c'est de me conserver ma calère jusqu'à la fin de mes jours !* Entendez-vous, Messieurs, *sa colère !* Celui-là était bien fait pour commander des bandes !

MM. Durepaire et Mounier étaient-ils à la journée d'*Amailloux ?*... C'est la dernière prétention, mais la plus exorbitante de l'accusation.

Après avoir fouillé les bois d'Amailloux, les détachemens s'étaient réunis au village de ce nom ; le commandant Chardron fit rappeler, afin de faire une nouvelle battue. « Au moment de son départ, dit M. le lieutenant Rebour, un paysan vint le *prévenir* (le commandant Chardron) qu'il avait vu à la maison du village de la Jussay située sur la route de Parthenay, *quatre* individus qu'il *croyait suspects*, et un autre près des moulins des Rochers, *exténués* de *fatigues.* »

Ce paysan était un témoin bien important pour l'accusation !.. Il nous eût communiqué la cause de ses soupçons sur *quatre* individus qu'il avait vus à l'auberge de la Jussay , il nous eût fait confidence du motif qui l'avait porté à les *croire suspects* , et à s'en rendre le *délateur* auprès du commandant Chardron... Vous l'eussiez entendu , et c'est une question , pour nous , de savoir si sa conviction eût été la vôtre. Ce témoin, l'accusation ne l'a pas appelé, *elle ne le nomme même pas.* M. le commandant Chardron n'est pas non plus ici pour vous rapporter ce que ce *paysan* lui aurait dit.

Après le *paysan* vient un *colporteur ;* c'est un personnage que M. Rebour n'a pas mis en scène dans son rapport, il en a parlé pour la première fois ici. Voyons si, comme deux romanciers célèbres, *Walter Scott* et *Cooper,* l'accusation s'en servira pour dénouer le nœud de cette intrigue. Or, on rapporte que ce colporteur aurait dit s'être trouvé à l'auberge de la Jussay, et avoir entendu *jaser* quatre individus qui s'y trouvaient, et qui ne se seraient pas défiés d'un homme qui leur était *inconnu!...* Ces quatre personnes, nous les connaissons trop pour faire, sans besoin, mystère de leurs noms ; on a voulu nommer MM. Wampers, Gaspard de Chièvres, Durepaire et Mounier... De quoi *jasaient-ils ?* le colporteur vous le dirait s'il était là. *Ce colporteur n'y est pas* , il était inutile d'en parler.

Une autre conjecture de l'accusation pour établir la *présence* dans les bois d'Amailloux des quatre voyageurs trouvés à la Jussay, c'est que, lorsque le lieutenant Rebour se dirigea de ce côté, il aurait vu la maîtresse de cette *soi-disant auberge sortir, et faire en-*

viron *dix pas*, *comme quelqu'un qui fait le guet.*
M. Rebour ajoute qu'*aussitôt* il aurait pris son *élan*,
et que, quoique éloigné *au moins de cinquante pas*,
il serait entré *avant* elle dans sa demeure !!!

Je m'étais livré, Messieurs les Jurés, dans l'examen
de cette partie du rapport de M. Rebour, à une simple
question de chiffre...; et, comptant le pas ordinaire
pour trois pieds, je plaçais en observation une femme
à trente pieds environ de l'auberge de la Jussay, et
M. Rebour, en vue de cette femme, en était éloigné de
cent vingt... Pour une femme qui *faisait le guet*,
selon M. Rebour, M. Rebour était assurément très
suspect, lui et ses hommes. Si l'on faisait le guet, c'é-
tait pour donner l'alarme aux voyageurs ; et, je l'a-
vouerai, quelle que soit la facilité de M. Rebour à franchir les échaliers (c'est lui qui nous l'a appris, et nous
ne contestons pas cette partie de son rapport oral), je
ne concevrais pas l'impossibilité où aurait été la
femme faisant le *guet* de prévenir *à temps* les voyageurs de l'arrivée de la troupe, pas plus que je ne
concevrais leur témérité et leur imprévoyance de se
cacher dans cette auberge en *dînant...* *en présence*
d'un PAYSAN *qui les a* vus, selon le commandant Chardron ; *d'un* COLPORTEUR *qui les a* ENTENDUS *jaser*, suivant le lieutenant Rebour, et de tant d'autres ! Mais
ce qui tue toute objection, c'est que si la femme
tenant l'auberge de la Jussay eût réellement fait le
guet, elle eût été poursuivie comme M. *Besson-Feuil-*
lade, comme madame *de Maurivet*, comme made-

moiselle *Morin*, pour avoir reçu chez elle, *sans contrainte*, des individus qu'elle aurait *su* appartenir à des bandes.... Or, sa conduite a paru moins suspecte aux yeux de l'accusation qu'à ceux *trop pénétrans* de M. *Rebour*, car cette femme n'a pas été poursuivie : voilà pour le droit.

L'accusation n'a pas été plus heureuse lorsqu'elle a retiré des cendres du foyer de l'auberge de la Jussay un *couteau*, qu'elle a transformé en *poignard!*... Chose singulière! le lieutenant Rebour, cet homme si exact, si zélé, a fait une perquisition minutieuse dans cette auberge le 23 mai, il n'a rien découvert de *suspect;* et voilà que *depuis* on y trouve un couteau pour les besoins de l'accusation, comme par l'effet d'un miracle!... Pitoyable ressource!... Il ne vous manquait plus que celle-là!... Vous parlez d'un *poignard?* et dans quelle main le placerez-vous?... Quand le carbonarisme était dénoncé, poursuivi..., l'accusation pouvait dire du poignard : « *C'est une sorte de diplôme, attestant à la fois et la réception dans le complot et l'aptitude au crime* (1). » Mais ici, que nous parlez-vous d'un *poignard?*... C'est l'arme d'un sicaire, ce n'est pas l'arme d'un officier français...

Ainsi, Messieurs, tombent d'elles-mêmes ces présomptions générales réunies avec tant d'art par M. l'avocat-général, et tant invoquées par lui sur la part

____

(1) M. de Marchangy.

qu'auraient prise MM. Durepaire et Mounier à la journée d'Amailloux.

Le paysan qui *prévient*, la femme de l'auberge qui fait *le guet*, le colporteur qui *écoute*, l'inventeur du poignard, ce sont des êtres mystérieux; lorsqu'on cherche à les découvrir, impossible à l'œil le plus pénétrant de les apercevoir.

En est-ce assez? Vous nous parlez de conspirateurs, et au lieu de ces noms que l'histoire de nos guerres civiles a condamnés à une malheureuse célébrité, au lieu de ces séides dont l'assassinat compose toute la politique, vous ne pouvez faire peser le poids de vos soupçons que sur des hommes d'honneur, que sur de pauvres métayers!... Vous nous parlez de conspiration; son *but*, ses *moyens*, vous ne nous les indiquez pas..., et vous parlez d'un crime d'État!... Quand *Cicéron* consul obéissait à ce décret fameux du sénat, dans les temps de péril public, *videant consules ne quid detrimenti respublica capiat*, il poursuivait et faisait juger ceux dont les trames compromettaient la sûreté de l'État; mais, en ACCUSANT, Cicéron avait des *preuves*. Écoutez ce grand citoyen dévoiler en quelques lignes la conjuration de Catilina: « *Oui, Catilina, tu as été chez Léca l'avant-dernière nuit; tu as partagé l'Italie entre tes complices; tu as marqué les lieux où ils devaient se rendre; tu as choisi ceux que tu laisserais à Rome, ceux que tu emmènerais avec toi; tu as désigné l'endroit de la ville où chacun allumerait l'incendie; tu as*

déclaré que le moment de ton départ était arrivé, que
si tu le retardais de quelques instans, c'était parce
que je vivais encore. Alors il s'est trouvé deux cheva-
liers romains qui, pour te délivrer de ton inquiétude,
t'ont promis de venir chez moi cette nuit-là même,
un peu avant le jour, et de m'égorger dans mon lit.
A peine étiez-vous séparés que J'AI TOUT SU (1). »

Telle est la physionomie d'un *complot* : l'accusation
aurait dû la prendre pour modèle. C'était sa tâche de
vous initier dans les combinaisons de cette *vaste* conspiration qui devait embraser l'Ouest; c'était sa tâche
de dérouler sous vos yeux le programme de la sédition; c'était à elle à tout prouver : les accusés n'ont
aucune preuve à faire.

Pour emprunter à M. l'avocat-général la forme de
son résumé, nous adressant à vos consciences, nous
vous dirons : Si l'on prétendait qu'il vous est impossible de ne pas accorder à l'accusation le verdict qu'elle
vous demande, il faudrait admettre que vingt-quatre
heures auraient suffi pour former au château d'A-
vançon un *complot* des plus vastes et des plus étendus;
qu'il aurait été arrêté entre cinq personnes, dont
quelques unes *ne se connaissaient pas;* il faudrait
croire que, le plan arrêté, ces cinq conjurés seraient
partis pour l'exécution du complot, sans armes,
sans munitions, sans or; il faudrait armer la main
de l'un des complices d'un mauvais couteau, comme

______

(1) *Orat.* 1, § 4.

on a ceint la poitrine de M. Émile de Chièvres, naguère encore officier supérieur dans notre armée,
ce chef de la révolte, d'une mauvaise épée qui ne
conviendrait pas à un garde-chasse; il faudrait dire,
avec l'accusation, que les accusés trouvés à la
Jussay s'étaient *iusurgés*, lorsque le lieutenant Rebour rapporte, au contraire, qu'ils *attendaient* le succès des leurs pour marcher avec eux : il vous faudrait
admettre toutes ces invraisemblances, toutes ces
contradictions; il vous faudrait prendre les indices
pour des preuves, des conjectures pour des réalités :
« Ce serait, Messieurs les Jurés, mettre à une trop
rude épreuve votre crédulité et la nôtre (1). »

Messieurs, au moment où ma tâche s'achève, la
vôtre va commencer. C'est le moment de confier à
vos derniers souvenirs quelques considérations que
ne justifie que trop la nature de la cause qui vous
occupe.

La vie des peuples est, comme celle des individus,
soumise à des épreuves, à des agitations. Parvenus
au plus haut degré de prospérité, il ne faut souvent qu'une légère secousse pour bouleverser toute
leur existence. Celle des uns comme des autres a
ses limites. L'exemple est sous vos yeux... La monarchie, malgré sa durée depuis huit siècles, n'a pu
survivre à notre première révolution ; vingt années
de gloire nous ont conduit à Waterloo ; le 27 juillet

_____

(1) Paroles de M. l'avocat-général.

a vu finir la restautation. Dans ces révolutions des Etats, que de passions surgissent, que d'intérêts sont froissés! Quel gouvernement, tout habile que soit la main qui le dirige, aurait conçu l'espoir de ramener en un jour vainqueurs et vaincus sous le même drapeau? Ce serait vouloir l'impossible. Ce qui arrive chez nous s'est vérifié chez d'autres peuples. Après l'expulsion des Tarquins, Rome subit quatorze années de guerres continuelles. A la mort de Charles Ier, l'Angleterre tomba entre les mains de Cromwel, et subit bien des mouvemens, bien des secousses avant de pouvoir se reposer. Nous-mêmes, ne nous a-t-il pas fallu franchir l'ère sanglante de la terreur et les saturnales de la république, pour aller oublier ensuite, au milieu des conquêtes, la perte de notre liberté? Les faits en disent assez. Comment s'étonner, après cela, comme l'a dit l'une des lumières de notre barreau (1), de voir, au milieu de ces agitations sans cesse renaissantes, tant d'hommes de bien devenir, sans le savoir, des imprudens, puis des mécontens, puis des hommes aigris!.... Au temps seul il appartient de fixer la raison des peuples.

Messieurs, pour amener leur pacification, deux moyens vous sont proposés. Chaque parti a le sien. En suivant l'un (et selon moi il serait impolitique), le gouvernement, à l'exemple de *César*, ne doit voir que des hommes dangereux dans ceux qui ne pen-

____

(1) M. Bellart.

sent pas comme lui; il ne doit pardonner ni à la bonne foi de l'opinion , ni à l'entraînement des uns, ni à l'égarement des autres. *Væ victis!* malheur aux vaincus! c'était le cri de *Brennus*, ce cri doit être le sien. Mais, demandez-vous quels seront les effets de ces conseils perfides ? Loin de fermer les plaies , la rigueur ne les rendra que plus vives et plus saignantes. Du sang des victimes naîtront de nouveaux ennemis : vienne le jour des réactions, nous savons qu'elles sont terribles.

Au contraire, quand un gouvernement est fort, qu'il soit généreux , qu'il ramène ses ennemis par la modération, en s'imposant cette loi, cette loi si douce de l'oubli... Et, hâtons-nous de le dire, quoique dans ce sanctuaire, magistrats, jurés, avocats, il ne s'agisse pas de nos opinions personnelles alors que nous ne sommes que les hommes de la loi; hâtons-nous de le dire, puisque l'émission de notre pensée doit tourner encore au profit des accusés : la révolution de Juillet ne fut pas seulement juste, elle fut grande, elle fut généreuse, elle fut avare de sang, elle fut avare de vengeance... Grace à elle , l'humanité n'a point été affligée du spectacle d'un échafaud élevé pour punir un crime politique... Voudriez-vous le relever ?......

Fidèle à ses principes, Messieurs les Jurés, nous vous dirons, avec l'un des honorables organes de l'accusation :... S'il y avait crime, et j'ai prouvé qu'on n'en pouvait reprocher aucun à mes cliens, *les crimes politiques se résument en une question d'intérêt social...*

C'est à vous , juges du pays , à en apprécier les besoins comme les nécessités... Où serait celle de punir,
lorsque les derniers germes de l'insurrection n'existent
plus, aujourd'hui que nous avons la garantie du pays ,
aujourd'hui que le trône de Juillet a triomphé des fac-
tions , comme il vient de triompher des ennemis de
nos libertés. Condamnez , et long-temps des familles
éplorées vous demanderont compte de leurs enfans...
Que leur répondrez-vous? Les uns auront été proscrits,
les autres auront porté leur tête sur l'échafaud , d'autres auront été jetés dans nos bagnes... Et vous croyez
que ces lugubres souvenirs ne donneront pas à notre
avenir une couleur bien sombre ! L'histoire , l'inflexi-
ble histoire n'en déchirera pas une de ses pages ! les
révolutions les teignent de sang !...

Mais laissons ces prévisions; je m'alarme en vain :
elles ne se réaliseront pas. Je me rassure en pensant
que mes cliens sortiront purs de l'accusation portée
contre eux. Vous n'hésiterez pas à les rendre à la liberté, qu'ils sont dignes de servir encore... Vous con-
serverez par là des citoyens utiles , vous prouverez
que le gouvernement national n'a rien à perdre dans
cette loterie criminelle des conspirations, vous calme-
rez l'aigreur et les ressentimens des partis , vous ferez
plus, vous rendrez leur rapprochement moins difficile;
vous vous associerez ainsi au vœu que nous compre-
nons tous, manifesté naguère par les Chambres, de ne
voir bientôt dans les Français qu'un peuple de frères ;

vous assurerez enfin le repos du pays, en même temps que vous préparerez à la patrie un long avenir de bonheur et de prospérité!

IMPRIMERIE ET FONDERIE DE A. PINARD,

QUAI VOLTAIRE, N° 15.

www.ingramcontent.com/pod-product-compliance
Lightning Source LLC
Chambersburg PA
CBHW062329070726
47596CB00008B/751